Reinaldo Domingos

Realize o sonho da casa própria!

dsop
editora

Autor: PhD Reinaldo Domingos
Coordenadora editorial: Laila Mascarenhas
Editora de texto: Catarina Arimatéia
Editora de arte: Marisa Corazza
Colaboração editorial: Ana Rosa Vilches
Revisoras: Ana Paula Felippe e Luzia Rodrigues

dsop
editora
Rua Alba, 88 - Parque Jabaquara
São Paulo - SP - Brasil - CEP: 04346-000
www.editoradsop.com.br

Dados Internacionais de Catalogação na Publicação (CIP)
(Câmara Brasileira do Livro, SP, Brasil)

Domingos, Reinaldo
Realize o sonho da casa própria! /
Reinaldo Domingos. -- São Paulo : Editora DSOP, 2024.

ISBN 978-85-8276-659-0

1. Finanças - Planejamento 2. Imóveis
3. Metodologia DSOP 4. Poupança e investimento
I. Título.

24-213010 CDD-333.33

Índices para catálogo sistemático:

1. Compra de imóveis : Economia 333.33

Cibele Maria Dias - Bibliotecária - CRB-8/9427

FOTO DE CAPA: BHFOTON/SHUTTERSTOCK

SUMÁRIO

APRESENTAÇÃO

Você tem um bom emprego, nenhuma dívida, seus ganhos estão estáveis, e os gastos, sob controle. Mas ainda mora de aluguel ou na casa de seus pais. Ou talvez divida uma casa ou um apartamento com amigos. A situação não é desconfortável, mas o desejo de ter um espaço próprio e só seu torna-se cada vez mais intenso. O que isso significa? A resposta é fácil: está na hora de pensar em adquirir um imóvel. As opções saltam dos anúncios, existem vários imóveis interessantes à venda no bairro que você mais deseja morar, há financiamentos diretos com construtoras e bancos. Você já possui até um valor que pode dar como entrada, mas será que já tem todas as principais informações para tomar uma das decisões mais importantes de sua vida? Nós podemos ajudá-lo. Comprar um imóvel requer cautela, ponderação, paciência e prudência. Cada detalhe é importante.

Este guia ajudará a tirar as dúvidas e mostrará os melhores caminhos para que o seu sonho se torne realidade com segurança e sem sustos no futuro. Conheça as alternativas de compra que cabem no seu bolso e aprenda a evitar armadilhas. O desejo de ter um teto para chamar de seu pode se realizar antes do que você imagina!

UM TETO PARA CHAMAR DE SEU

A conquista da casa própria ainda é um sonho ou virou sinônimo de pesadelo? Atualmente, avaliando os altos preços do mercado de imóveis, o que é mais vantajoso: obter uma casa própria a qualquer custo ou morar de aluguel e ter uma reserva estratégica na poupança?

Caso decida-se pelo imóvel próprio, o que é melhor: financiar ou acumular renda em uma poupança para pagar à vista? Afinal, como estabelecer um plano de orçamento para as finanças de maneira que os sonhos possam ser viabilizados?

Com nossas orientações, você irá identificar qual será o melhor caminho para realizar o sonho da casa própria. Afinal, não são apenas os recém-casados ou aqueles prestes a se casar que querem uma casa. Solteiros que buscam seu próprio canto, recém-separados que têm de começar uma nova história em um novo lar, entre tantos outros exemplos. É importante ter um teto para chamar de seu, qualquer que seja a fase ou o estilo de vida. Mesmo quem já tem um imóvel pode pensar em adquirir outro, para morar ou investir.

Dê preferência às dívidas de valor

Antes de decidir ter uma casa própria, você precisa ter em mente que adquirir um imóvel é uma decisão muito importante, que deve ser pensada com prudência. Afinal, comprar uma casa ou um apartamento não é a mesma coisa que adquirir um eletrodoméstico ou uma roupa. Ao comprar a casa própria, você estará assumindo uma dívida de valor.

Estabelecer o que tem ou não valor é uma tarefa difícil, já que valor é algo muito subjetivo e pode variar de pessoa para pessoa. Por isso, é importante que você se pergunte qual é o valor verdadeiro que a compra da casa própria tem em sua vida. Essa reflexão será importante porque impacta na sua decisão sobre a melhor forma de adquirir esse bem.

Para compreender a importância da compra da casa própria e o conceito de dívida de valor, precisamos ter em mente que, quando fazemos compras a prazo, elas podem ser classificadas em duas categorias. A casa própria é uma dívida de valor, pois representa uma ampliação do patrimônio financeiro e agrega também qualidade de vida. O investimento em uma pós-graduação é outro exemplo de dívida de valor, uma vez que a obtenção de conhecimento

A dívida sem valor é o resultado da compra de produtos ou da aquisição de serviços que não agregam valor à sua vida.

e qualificação profissional pode gerar, posteriormente, uma renda mensal mais alta, além de contribuir para a formação pessoal.

Quando o endividamento é feito em nome de algo que agrega valor em sua vida, o débito se justifica, afinal, estamos falando de um investimento no seu crescimento pessoal, profissional ou financeiro. Porém, o grande problema da maior parte das pessoas é o enrosco financeiro por conta das dívidas sem valor, em que não há uma contrapartida relevante à qualidade de vida, à capacitação profissional ou ao enriquecimento pessoal.

A dívida sem valor é o resultado da compra de produtos ou da aquisição de serviços que não agregam valor à sua vida. Tratam-se, em geral, de compras feitas por impulso, como roupas, sapatos, móveis, aparelhos eletrônicos, entre outros produtos que, em pouco tempo, estarão gastos ou fora de moda e entrarão para a lista de coisas que você não usa mais. Por isso, é fundamental que haja uma reflexão sobre as dívidas que você já adquiriu, para que o seu passado financeiro não comprometa o desejo de adquirir a tão sonhada casa própria.

Quando o endividamento é feito em nome de algo que agrega valor em sua vida, o débito se justifica, afinal, estamos falando de um investimento no seu crescimento pessoal, profissional ou financeiro.

Faça a casa própria caber no seu bolso

O brasileiro, geralmente, sonha com a compra da casa própria e passa mais de 30 anos da vida comprometendo uma parte significativa de sua renda com a dívida de um imóvel. E o pior: sujeita-se a juros abusivos e, muitas vezes, nem percebe que, ao final do parcelamento, pagou por três casas e ficou somente com uma. Se tivesse o hábito de guardar dinheiro para os sonhos de curto, médio e longo prazos, certamente compraria a casa própria em até um terço do tempo correspondente à aquisição por meio do financiamento.

A preocupação mais comum entre pessoas que pretendem comprar um imóvel é perder o emprego ou a fonte de renda. Atitudes impensadas envolvidas no processo de compra podem transformar o sonho da aquisição da casa própria em um pesadelo. É muito comum, por exemplo, não fazer o cálculo total do valor que será efetivamente pago pelo imóvel ao final de um financiamento. O raciocínio, nesses casos, é pensar somente no valor da prestação. Saber se a prestação da casa própria cabe realmente no seu bolso é fundamental, mas também é necessário ter a dimensão exata do tamanho da dívida que você está contraindo. Lembre-se: a palavra-chave é consciência.

A preocupação mais comum entre pessoas que pretendem comprar um imóvel é perder o emprego ou a fonte de renda.

A pergunta que se deve fazer nesse momento é: “Sem salário ou comissões, ou seja, sem o dinheiro resultante da minha força de trabalho, como eu pagaria os gastos e honraria os meus compromissos financeiros?”.

Essa “provocação” é para alertar que, além de evitar o endividamento acima da capacidade de pagamento, é preciso ter uma reserva financeira para enfrentar imprevistos, ainda mais quando se pretende assumir um compromisso tão importante quanto a compra de um imóvel.

REALIZE O SEU SONHO COM SEGURANÇA

Os quatro pilares da Metodologia DSOP

Para que as pessoas percebam como é possível fazer os sonhos caberem em seus orçamentos e que, independentemente do volume dos gastos, é possível poupar e preparar-se para um futuro financeiro mais confortável e repleto de realizações, foi criada a **Metodologia DSOP,** que se fundamenta no ensinamento de quatro pilares: Diagnosticar, Sonhar, Orçar e Poupar.

Se a casa própria é um sonho, você tem de levá-lo a sério. Muitas vezes, não conseguimos seguir adiante porque não temos objetivos claros. A **Metodologia DSOP** tem a intenção de ajudá-lo a fazer escolhas financeiramente sustentáveis, para proteger seu patrimônio e manter sua qualidade de vida. Nesse sentido, uma das primeiras questões a ser avaliada é qual será a melhor opção de compra, de acordo com a sua realidade econômica: financiar, poupar para comprar à vista, poupar enquanto paga aluguel para financiar o menor valor possível, construir ou fazer um consórcio?

Para quem ainda não iniciou esse processo de análise das possibilidades, as perguntas a seguir podem guiar a decisão:

- **Quer um imóvel para morar ou para investir?**
- **Está pensando em mudar de casa por necessidade ou por *status*?**
- **Quer um imóvel novo, usado, na planta ou prefere construir?**
- **O que tem considerado em suas pesquisas: localização, tamanho, padrão, preço, condições de pagamento?**
- **Atualmente, paga aluguel? Quanto esse gasto consome da sua renda?**
- **De quanto dispõe efetivamente para gastar?**
- **Tem dinheiro para comprar à vista ou para dar de entrada?**

- **Precisará comprar a prazo e pagar juros?**
- **Fez alguma simulação do financiamento, de acordo com a sua renda, a sua idade, o valor e o prazo pretendidos?**
- **Certificou-se de que a parcela caberá no seu bolso, mesmo daqui a três, seis ou doze meses? Caso compre na planta, como fará a reserva para as parcelas intermediárias até a entrega das chaves?**
- **Se ficar sem salário ou se tiver um gasto inesperado com uma emergência, como garantirá o pagamento?**

As respostas a essas perguntas dependem, em parte, da fase da vida de cada um. Um casal prestes a se casar, por exemplo, precisa ter consciência de que a tendência é que os gastos familiares aumentem, especialmente se tiverem filhos, planejados ou não. Quem ainda vive com os pais, mas tem seus próprios rendimentos, tem a oportunidade de poupar e ampliar seu poder de compra e negociação pelos melhores preços. Quem já possui um imóvel e tem reservas suficientes para investir no mercado imobiliário, pode aproveitar a oportunidade para ampliar o patrimônio, desde que esteja atento a fatores de valorização do bem.

Porém, independentemente da renda, da fase ou do estilo de vida, o que realmente vai servir de bússola para a escolha da forma de aquisição da casa própria é o conhecimento que cada pessoa tem do seu "eu financeiro" e do diagnóstico de suas finanças. Quando o indivíduo ou o casal toma consciência de como lida com o dinheiro e se dispõe a mudar alguns comportamentos de gastos, está pronto para fugir da armadilha de passar a vida consumindo de maneira desenfreada e impulsiva, e consegue finalmente traçar um plano para chegar aonde deseja financeiramente.

Quando o sonho vem em primeiro lugar, a motivação para viver de acordo com o seu padrão de vida torna-se algo natural e prazeroso, pois você se sentirá recompensado pelos esforços que fizer. Isso não significa que a recompensa virá depois de décadas, pelo contrário. Quando a **Metodologia DSOP** recomenda definir e reservar valores do seu orçamento para sonhos de curto (até um ano), médio (até dez anos) e longo prazos (acima de dez anos), é justamente para que ninguém fique anos e anos

Pesquise preços, condições de pagamento, taxas de juros, relação custo-benefício, padrão e localização, e avalie as chances de valorização do bem.

com um longo compromisso que o impeça de ter outras conquistas e outros prazeres.

Então, sabendo disso, mãos à obra! Pesquise preços, condições de pagamento, taxas de juros, relação custo-benefício, padrão e localização, e avalie as chances de valorização do bem. Cuidado com o encantamento que os imóveis decorados ou os projetos das revistas especializadas causará em você. Se quer mobília, acabamento ou decoração iguais, levante o preço dos itens e inclua em suas contas.

Outra recomendação é conhecer melhor o bairro em que pretende morar. Visite o local, de dia e à noite, informe-se com a vizinhança sobre a rotina da rua e da região. Certifique-se de que há mercados, lojas, escolas e outros serviços próximos que sejam compatíveis com a sua renda. Pode parecer irrelevante, mas faz muita diferença no resultado final do seu orçamento, pois a variação de custo de vida de um bairro para outro pode chegar a mais de 50%.

Confronte as informações coletadas com o seu diagnóstico financeiro e estruture diferentes orçamentos conforme a opção de compra. Lembre-se de que, além do gasto com a compra em si, você terá de pagar documentação, mobília, mudança e tantas outras coisas.

Poupar para comprar à vista ou financiar?

Você já deve ter se perguntado mais de uma vez: "O que é mais vantajoso financeiramente? Financiar ou poupar até atingir o valor necessário para comprar o imóvel à vista?".

Ser informado de que um imóvel que vale R$ 100 mil pode custar mais de R$ 350 mil se financiado em trinta anos não vai necessariamente fazê-lo desistir do sonho. Afinal, o financiamento funciona como uma espécie de aluguel com possibilidade de compra ao final, não deixando de ser uma opção para assegurar o bem tão desejado. Além disso, quem possui um bom controle financeiro deve ficar atento para não se deixar levar pela ansiedade de querer quitar o imóvel em menos tempo. Quando isso acontece, você acaba utilizando toda a sua reserva financeira e fica sem nada guardado. Lembre-se de que temos de criar o hábito de ter dinheiro acumulado para destinar aos imprevistos da vida e também para alimentar a concretização de nossos sonhos. Além disso, tendo uma reserva extraordinária no banco, você está obtendo uma garantia de que poderá pagar as futuras prestações do seu imóvel sem correr o risco de perdê-lo em um revés financeiro.

Mas talvez você decida poupar o valor total do imóvel, ou parte dele, durante alguns anos para só então partir para o financiamento, por um prazo menor, pagando um valor final mais justo. Para quem mora com os pais e está planejando sair de casa a médio prazo ou tem planos de adquirir um imóvel para investimento, o cálculo que mostraremos pode ajudar a prever em quanto tempo é possível acumular o valor necessário para a compra à vista de um imóvel.

Vamos considerar, hipoteticamente, que o valor atual de mercado do imóvel que você pretende comprar seja R$ 100 mil. Digamos que tenha optado pelo financiamento em 360 meses (trinta anos). Pagando parcelas de R$ 1.100,00, ao final desse período, o imóvel terá custado R$ 372 mil.

No entanto, é possível acumular R$ 100 mil em seis anos. Basta depositar mensalmente o valor equivalente à prestação do financiamento (R$ 1.100,00) em

Lembre-se de que temos de criar o hábito de ter dinheiro acumulado para destinar aos imprevistos da vida e também para alimentar a concretização de nossos sonhos.

uma aplicação financeira com rentabilidade líquida de 0,7% ao mês, (rentabilidade obtida em Tesouro Direto ou alguns tipos de investimentos a longo prazo). Mesmo com a correção monetária do valor do imóvel em seis anos, é mais vantajoso ter disciplina e paciência para realizar o sonho da casa própria em tempo e gasto bem inferiores ao do financiamento. E, claro, quando temos o dinheiro para a aquisição do bem, ao comprar à vista conseguimos excelentes descontos, o que possibilita a redução do valor.

Como conciliar aluguel e poupança para comprar à vista

Quando o candidato à compra da casa própria tem de conciliar os depósitos na poupança com o pagamento de aluguel, a situação fica um pouco mais complicada. Para saber em quanto tempo é possível comprar um imóvel à vista morando de aluguel, é preciso fazer alguns cálculos. O principal deles é estimar a taxa média de reajuste do valor do aluguel e a valorização média do imóvel desejado, considerando a tendência dos preços na região onde se pretende comprar o imóvel.

Digamos que você paga aluguel de um imóvel similar ao que pretende comprar. Para facilitar, use o mesmo parâmetro do exemplo anterior: o valor atual de mercado do imóvel é R$ 100 mil e, provavelmente, o valor do aluguel equivale a 0,4% do valor do imóvel, ou seja, R$ 400,00.

Pense o seguinte: em paralelo ao aluguel de R$ 400,00, você depositaria o valor da diferença entre esse gasto e o financiamento (R$ 700,00) em uma aplicação com rentabilidade líquida de 0,7% ao mês. Sabe em quanto tempo você conseguiria acumular R$ 100 mil? Em nove anos! Não é incrível?

Você deve estar pensando: "Mas os valores do imóvel e do aluguel já serão maiores ao final desse período. Pode ser que minha renda não acompanhe esses reajustes".

É muito bom que você esteja atento a esses fatores. Às vezes, no decorrer do planejamento, são necessários alguns ajustes. Vá adequando os depósitos conforme suas posses, mas não perca o foco nem a disciplina. Mesmo que demore um pouco mais do que o previsto inicialmente, você poderá ter sua casa, sem dívidas posteriores, em muito menos tempo do que em um financiamento.

Veja o exemplo do quadro a seguir.

Forma	Aporte	Aluguel	Prazo	Total
Sem pagar aluguel	R$ 1.100,00		6 anos	R$ 102.500,00
Pagando aluguel	R$ 650,00	R$ 450,00	9 anos	R$ 104.300,00
Taxa de administração	R$ 987,00		10 anos	R$ 140.000,00
Financiamento pelo Sistema Financeiro de Habitação	R$ 1.100,00		30 anos	R$ 372.000,00

Taxa de juros: 0,7% ao mês.

Nos exemplos apresentados, você pode conferir que a melhor (e mais rápida) opção é poupar antes de comprar o imóvel. Mas também existem outras alternativas para que a casa própria caiba no seu bolso. Analise cada uma delas, faça simulações, organize o seu orçamento e se permita sonhar.

Quando financiar já é um hábito

Tendo em vista um financiamento imobiliário, saber se a prestação da casa própria cabe realmente no orçamento é fundamental, assim como saber o valor do condomínio (se for apartamento ou condomínio fechado) e do IPTU. Mesmo que você tenha absoluta convicção de que poderá pagar uma parcela de R$ 1.000,00 ou de R$ 1.100,00, talvez sua certeza se abale ao saber que o condomínio custará R$ 500,00 e o IPTU cerca de R$ 60,00 mensais, por exemplo.

Assim como o valor das prestações, é igualmente necessário ter a dimensão exata do tamanho da dívida que se está contraindo. Se a taxa do financiamento for de 10% ao ano, por exemplo, a cada 10 anos de financiamento você paga o valor de mercado de um imóvel somente em juros, além da correção monetária e do valor do próprio financiamento. Portanto, tais condições não são animadoras: ao financiar um imóvel em até trinta anos, você pagará 3,5 vezes o valor de mercado desse imóvel e, ao optar pelo financiamento em vinte anos, estará desembolsando 2,5 vezes o valor de mercado do imóvel escolhido. Mesmo que as prestações sofram deduções gradativas, é recomendável fazer as contas e descobrir o valor real do desembolso de dinheiro para essa aquisição.

Seja durante a obra, seja quando ela é concluída, nem sempre o comprador se prepara para as parcelas mais pesadas.

A mesma cautela deve ser tomada por quem pretende comprar diretamente com incorporadoras. Grande parte delas facilita a compra com uma pequena entrada e parcelas que cabem no bolso durante a construção, que leva, em média, três anos. Algumas construtoras têm diluído o valor da parcela correspondente à chamada "entrega das chaves" em parcelas intermediárias. Seja durante a obra, seja quando ela é concluída, nem sempre o comprador se prepara para as parcelas mais pesadas. E aí, antes mesmo de entrar no financiamento bancário, já está com o orçamento desequilibrado.

Há casos em que a pessoa só percebe que não conseguirá assumir as parcelas do financiamento nesse momento crucial, porque se preocupou apenas com as parcelas no período da construção e não verificou o valor que faltaria pagar após a entrega das chaves, nem fez simulações com os bancos de acordo com a sua renda, a sua idade e o prazo de pagamento. Quando isso acontece, as reações são diferentes. Há quem adie ou deixe de lado uma negociação com o vendedor ou com a construtora e, quando percebe, está quase a ponto de perder o imóvel e todos os valores que investiu. Outros, com medo de não dar conta do compromisso, desistem do sonho antes mesmo de entrar no financiamento. Às vezes, nem se esforçam para identificar se é possível reduzir gastos e se precipitam vendendo o imóvel, perdendo dinheiro na negociação. Há também aqueles capazes de atitudes radicais, porque a conquista da casa própria é uma "questão de honra".

Quando o consumidor mensura bem sua capacidade de pagamento antes da compra e, principalmente, quando faz uma reserva para imprevistos, esse roteiro pode ser evitado. Isso vale para qualquer padrão de vida, mas é ainda mais evidente para quem não tem uma fonte regular de renda. Se esse é o seu caso, tenha cuidado triplicado com financiamentos de longo prazo. A recomendação é gastar sempre menos do que se ganha. Esse é o único modo de seguir em busca do sonho da casa própria.

Esteja preparado para eventualidades

Para aquelas pessoas cujo ganho mensal varia – como autônomo ou profissional liberal, pequeno ou médio empresário, vendedor ou representante comercial –, o melhor a fazer é estabelecer um padrão de vida considerando a menor média de ganho. Isso porque, quando o profissional de renda variável se baseia pela média mais alta, nos meses de menor renda se vê obrigado a utilizar recursos como limite de cheque especial, cartões de crédito, empréstimos, entre outros. Com isso, os juros acabam fazendo parte de sua vida.

Além de estabelecer o padrão pela média mais baixa, é recomendável que se faça uma reserva financeira para os momentos em que os ganhos são menores. É importante lembrar que essas reservas são fundamentais para eventuais problemas, como crises financeiras pessoais ou mesmo dificuldades nos negócios.

Para não comprometer o pagamento do financiamento da casa própria, as pessoas devem reservar o equivalente a doze parcelas. À primeira vista pode parecer um exagero, mas lembre-se de que "é melhor prevenir do que remediar". Mesmo quem tem emprego estável, como os servidores públicos, pode ser pego desprevenido diante de um caso de doença na família, ainda mais quando não se tem um plano de saúde. O impacto de situações como essa nas finanças de uma pessoa pode, em pouco tempo, ter um efeito devastador. Dificuldades e crises acontecem sempre e com todos. Para conseguir honrar suas parcelas sem dificuldades, você deve seguir algumas recomendações:

- **Pesquise o custo de vida do bairro do imóvel pretendido.**
- **Dê o máximo de entrada possível, no mínimo 20% do valor do imóvel.**
- **Financie pelo menor prazo dentro de sua capacidade de pagamento.**
- **Não comprometa mais de 15% de sua renda com o pagamento da primeira parcela do financiamento.**
- **Não caia na tentação de comprometer 30% do seu rendimento, conforme orientação de muitos bancos.**
- **Caso pense em utilizar o FGTS para amortizar a dívida, leve em consideração que esse é um dinheiro que deve ser reservado para sua futura aposentadoria ou para um infortúnio ao longo da vida.**
- **Informe-se antecipadamente sobre o valor do condomínio, se tiver, e do IPTU.**

Lembre-se de que você terá de arcar com gastos como o Imposto sobre a Transmissão de Bens Imóveis (ITBI) e taxas para registrar a transação em cartório, que podem chegar a 4% do valor de mercado atual do imóvel. Reserve uma quantia em dinheiro para esses gastos ou inclua o valor no financiamento. Reserve cerca de 40% do valor do imóvel para mobília, decoração, mudança, instalações etc.

Dê atenção especial aos três primeiros anos do financiamento, quando o valor das prestações é maior. O ideal é que você não tenha outros gastos que comprometam sua capacidade de quitar as parcelas. Caso esteja com dificuldade para pagar a prestação, procure o seu agente financeiro antes que as parcelas completem noventa dias de atraso e que a inadimplência seja encaminhada ao departamento jurídico

* *Para não comprometer o pagamento do financiamento da casa própria, as pessoas devem reservar o equivalente a doze parcelas.*

ALTERNATIVAS PARA TODOS OS PERFIS

Consórcio: imóvel por cota

Ao adquirir uma cota de consórcio de imóveis, você passa a fazer parte de um grupo de pessoas físicas ou jurídicas criado com a finalidade de formar uma poupança destinada à compra de imóveis, por meio de autofinanciamento. Todos os participantes do grupo contribuem com a formação da poupança ao pagar prestações mensais sem juros, calculadas de acordo com o valor total contratado, mais taxa de administração e fundo de reserva.

A cada mês, os consorciados concorrem, em igualdade de condições, a sorteios. Para quem não tem pressa e não quer encarar os altos juros dos financiamentos imobiliários, esse é um caminho menos oneroso. Mas o consórcio também permite que sejam feitos lances com dinheiro próprio ou lance embutido, que consiste em utilizar até 25% do valor do crédito para antecipar a contemplação e ter a carta de crédito liberada.

Também é possível utilizar o FGTS para dar lances ou contemplar o valor da carta de crédito para adquirir o imóvel desejado, devendo-se, entretanto, observar as normas do Sistema Financeiro de Habitação (SFH). Vale ressaltar, mais uma vez, que o dinheiro do FGTS tem como objetivo a sua aposentadoria, portanto, fique atento.

Quem opta por fazer lances, em qualquer uma de suas modalidades, cria um atalho para ser contemplado com a carta de crédito, que pode ser utilizada na aquisição, reforma ou construção de qualquer tipo de imóvel. Também é permitido o uso do crédito para a quitação total de financiamento em nome do próprio consorciado.

Para quem não tem pressa e não quer encarar os altos juros dos financiamentos imobiliários, esse é um caminho menos oneroso.

Por permitir quitação de financiamento, o consórcio passou a ser visto como uma alternativa de "poupança" paralela ao pagamento de parcelas de imóvel na planta, que geralmente apresenta gastos mais baixos durante a obra. Quem tem condições de fazer lances para antecipar a contemplação, pode conseguir quitar o imóvel sem entrar no financiamento bancário e, a partir daí, ficar apenas com as mensalidades do consórcio, que são inferiores às mensalidades do financiamento com o banco.

Se você se interessou por essa alternativa, informe-se a respeito do assunto, leia o máximo que puder sobre as características dos consórcios e a legislação vigente; tenha consciência dos seus direitos, mas também de suas obrigações como consorciado e, principalmente, procure uma empresa idônea no mercado.

Quando o aluguel pode ser uma opção

Por mais que a prática de viver de aluguel seja identificada por muitos como "dinheiro jogado fora", financeiramente pode ser interessante, dependendo do perfil da pessoa. Para alguns, morar em uma casa própria dá uma sensação tão grande de segurança e conforto que não há argumento financeiro que os façam mudar de ideia.

Quem tem perfil mais impulsivo, por exemplo, pode ter dificuldade em controlar o desejo de gastar o dinheiro, se ele estiver aplicado no banco e for resgatável. Há quem diga que, para controlar a vontade de gastar aleatoriamente, tem de se comprometer com uma dívida maior de algo que agregue valor. Da mesma forma, quem deseja montar a casa dos sonhos vai preferir comprá-la, pois poderá fazer as modificações que quiser no imóvel.

Mas há quem pense ou tenha necessidades diferentes. Para pessoas que são transferidas com frequência pela empresa onde trabalham para outro estado ou país, ou querem ter a liberdade de mudar sempre que a localização do imóvel for conveniente para a família, em função da escola e do trabalho, o aluguel traz uma facilidade de mobilidade mais interessante. Há também quem veja no aluguel a vantagem de ter gastos de manutenção reduzidos em relação ao imóvel próprio, com a chance de morar sempre em uma casa com pintura nova ou reformada, por exemplo.

Para quem pretende ficar menos de sete anos no imóvel, não vale a pena comprar. Talvez o mais sensato, nesse caso, seja investir o dinheiro, usar parte do rendimento para pagar o aluguel e acumular uma quantia suficiente para comprar o imóvel à vista depois de certo tempo, ou, então, continuar morando de aluguel enquanto achar que essa é a melhor opção.

Além dos prós e dos contras apresentados até agora, há ainda algumas recomendações para quem está avaliando a possibilidade de optar pelo aluguel.

Alugar um imóvel e manter o dinheiro investido requer disciplina. O dinheiro não pode ser gasto e deve ser mantido em ativos de baixo risco, com perfil de geração de renda. Alugar um imóvel semelhante ao que você quer comprar e na mesma região antes da compra pode ser uma boa opção. Assim, você poderá comprovar se o bairro e o imóvel em si são, de fato, a melhor escolha.

Alugar pode ser uma boa alternativa para recém-casados. Em primeiro lugar, eles devem fazer o planejamento da vida financeira, já que os gastos tendem a aumentar.

Para quem pretende ficar menos de sete anos no imóvel, não vale a pena comprar.

Comprar para morar ou para investir

Quem compra um imóvel tem a expectativa de valorização do patrimônio para negociação no futuro ou para transformá-lo em uma fonte de renda a partir do aluguel. É bom lembrar que imóveis podem tanto valorizar ao longo do tempo quanto sofrer sérias desvalorizações, dependendo do estado de conservação e de melhorias na infraestrutura da região onde está localizado.

Quem pensa no aluguel como uma fonte de renda precisa saber que aluguéis correspondentes a aproximadamente 0,4% do valor do imóvel praticamente inviabilizam esse tipo de investimento. Afinal, o mesmo valor imobilizado nesse bem poderia ter sido destinado a uma aplicação de renda fixa, que proporciona rendimento maior, riscos menores e mais liquidez. Há também quem diga que, para ganhar com a valorização do imóvel, é preciso vendê-lo. Mas quando se trata do imóvel residencial da família, não se deve pensar nele como investimento.

Essa paixão pelo imóvel é mais comum e perigosa do que se imagina. Muitas famílias gostam de visitar nos fins de semana apartamentos decorados, que parecem um verdadeiro sonho para quem quer ter a casa própria.

Quando se trata do imóvel residencial da família, não se deve pensar nele como investimento.

Entretanto, o que muita gente não sabe é que a decoração completa, da forma que é exposta nos estandes, custa, aproximadamente, 40% do valor do imóvel. Seguindo essa fantasia, fica fácil cair na tentação de deixar móveis e eletrodomésticos da casa antiga para trás. Mas é preciso lembrar de que, se você não reservar pelo menos 40% do valor total do imóvel para custear o acabamento da obra, a mobília e a decoração, corre o risco de ter esses gastos se infiltrando aos poucos no orçamento, minando seu planejamento e corroendo sua capacidade de pagamento.

Além disso, a construtora geralmente entrega aos clientes um imóvel apenas com paredes e a estrutura mínima de banheiro e cozinha. Nem mesmo o piso da sala e dos quartos costuma estar incluído na compra. Portanto, para mudar para a casa nova, você tem de se conscientizar de que terá muitos gastos com piso, mobília, boxes, armários, eletrodomésticos, cortinas, luminárias e todo o restante.

Construir exige dedicação

Em grandes metrópoles, um terreno bem localizado é artigo de luxo. Quem quer construir precisa ter um terreno. Para fazer a melhor escolha, avalie, além do preço, a localização e o acesso. Estude o potencial de valorização do local, considerando a estrutura atual e a tendência de crescimento da região. As condições do solo também são importantes. Se o terreno não comportar a construção pretendida, você terá gastos com fundações. Informe-se sobre a taxa de ocupação do terreno e zoneamento e também fique atento à extensa lista de documentos necessários.

Para projetar a casa, você vai precisar de um arquiteto ou de um engenheiro civil, além de um empreiteiro, que fica incumbido de contratar os profissionais necessários. Peça orçamento a três empreiteiros e negocie. Antes, visite obras que o empreiteiro executou ou que estão em andamento, para avaliar itens importantes como padrão de qualidade, limpeza, acabamento, desperdício e cumprimento de prazos.

Além de cotar o preço da mão de obra, pesquise os valores do material em, pelo menos, quatro estabelecimentos, considerando se o frete está incluso e a relação custo-benefício de produtos de menor preço. Compare também as condições oferecidas por diversos bancos em linhas de crédito específicas para a compra de material de construção.

Para projetar a casa, você vai precisar de um arquiteto ou de um engenheiro civil, além de um empreiteiro, que fica incumbido de contratar os profissionais necessários.

Para não ter surpresas, exija do profissional responsável pela construção o planejamento da obra, que nada mais é do que um cronograma físico-financeiro com a definição da sequência de trabalho, prazos e gastos com material e mão de obra. Preveja também os gastos com documentação com a prefeitura, INSS e cartórios.

Sempre tenha em mente as dificuldades dessa opção: os materiais de acabamento são a parte mais onerosa, e a documentação – como Habite-se, INSS da obra e do pedreiro e a escritura –, pode alcançar valores consideráveis.

ATENÇÃO PARA AS ARMADILHAS FINANCEIRAS

Dificuldade para pagar o imóvel recém-adquirido?

Muitos contraem uma dívida que acaba se tornando impagável por diferentes razões: seja porque a pessoa não analisou muito bem as finanças antes de fechar a compra, seja por não ter conseguido fazer uma reserva para imprevistos, como perda de emprego, doença, entre outros motivos.

Se parou de pagar, não se desespere. Vamos refletir juntos sobre a melhor saída para cada caso.

Geralmente, quem está nessa situação já vem há algum tempo pagando as prestações atrasadas, com juros e multas, o que só complica a situação, tornando as prestações cada vez mais difíceis de pagar, pesando ainda mais no orçamento.

Para pagar as prestações atrasadas que se acumularam ao longo do ano, muitas pessoas decidem usar todo o 13º salário e as férias, ou fazer novos empréstimos bancários. O problema é que, passados alguns meses, as prestações voltam a se acumular porque, na realidade, estão acima da capacidade real de pagamento da pessoa.

Também, de tempos em tempos, costumam fazer parte do repertório desse processo de endividamento acordos com o banco ou com a construtora, que geralmente resultam no parcelamento das prestações em atraso. O novo problema e é que a pessoa endividada não consegue colocá-las totalmente em dia porque, em vez de diminuir o valor pago, o acordo aumenta a necessidade de ter um maior rendimento, inviabilizando ainda mais o pagamento, pois o dinheiro líquido vai encurtando mês a mês.

Esse efeito "bola de neve" é desgastante e leva algumas pessoas a desistir do sonho da casa própria. Pensam logo em entregar o imóvel e livrar-se definitivamente da dívida. Vamos imaginar que esse seja o seu caso. Se está com dificuldade para honrar o compromisso assumido, mas ainda está pagando, fique calmo. Se parou de pagar, não se desespere. Vamos refletir juntos sobre a melhor saída para cada caso.

O uso da **Metodologia DSOP** *nos torna capazes de entender e controlar os gastos de forma a ter uma boa saúde financeira, mesmo lidando com grandes dívidas, como financiamento ou aluguel.*

Defina quanto realmente você pode pagar

Se você está nessa situação, a esta altura você já deve ter constatado que a sua capacidade de pagamento foi mal dimensionada, certo? A boa notícia é que se você tem rendimentos regulares, é possível reorganizar as finanças, ajustando os gastos à sua realidade econômica, ou renegociar a dívida, alongando os prazos, de forma que caiba melhor no seu orçamento.

Antes de qualquer decisão, o primeiro passo é fazer um diagnóstico da vida financeira. Já falamos disso antes, mas é bom reforçar a importância de resgatar o controle dos gastos. Quando se sabe para onde vai cada centavo do dinheiro, fica mais fácil identificar onde está havendo excessos e o tipo de gasto desnecessário que pode ser cortado.

A sugestão é determinar um período mínimo de trinta dias para anotar, diariamente, os tipos de gasto, o quanto gastou com cada item e qual foi a forma de pagamento. É para anotar tudo mesmo: cafezinhos, guloseimas, padaria, mercado, farmácia, transporte, estacionamento, combustível, refeição, curso, cosmético, salão de beleza, roupas, sapatos, acessórios, entre outros. Não se esqueça de anotar como pagou esses gastos: cartão de débito, vale-refeição, dinheiro, cartão de crédito ou cheque.

O uso da **Metodologia DSOP** nos torna capazes de entender e controlar os gastos de forma a ter uma boa saúde financeira, mesmo lidando com grandes dívidas, como financiamento ou aluguel. Acredite, é muito provável que os rendimentos de que você precisa para viabilizar o pagamento da sua principal dívida estejam ao

seu alcance, mas estão sendo consumidos por gastos não controlados. Isso não significa que você tenha de deixar de comprar, mas é preciso estabelecer um limite para que esses gastos não comprometam o orçamento, muito menos os seus sonhos.

Na hora do aperto, fica evidente que, quando os sonhos são realmente priorizados e planejados, eles não correm riscos e dão certo. Tem muita gente que acha que ter um orçamento sob controle significa registrar o que se ganha e subtrair o que se gasta. Se sobrar, está no lucro; se faltar, está no prejuízo.

Para a **Metodologia DSOP** de Educação do Comportamento Financeiro, o orçamento é o retrato da maneira como você planejou gastar seu dinheiro. Nele, aparecem em primeiro plano os gastos calculados com os três sonhos que foram priorizados (de curto, médio e longo prazos) e, em segundo plano, os valores calculados para os demais gastos. Tudo cabendo dentro do orçamento.

Antes de qualquer decisão, o primeiro passo é fazer um diagnóstico da vida financeira.

Portanto, se a aquisição da casa própria é um sonho, o valor de cada etapa dessa conquista – a reserva para comprá-la à vista, a entrada ou as parcelas do financiamento – tem de estar contemplado entre os gastos prioritários. Lembre-se: esse é um tipo de gasto que não pode ficar condicionado ao que sobrar no orçamento.

Se está faltando dinheiro todos os meses, há algo errado. Você está gastando além do que pode, ou seja, está vivendo fora do seu padrão de vida. E uma forma de identificar isso é por meio do diagnóstico que explicamos.

Pode ser que o seu diagnóstico financeiro revele que não há gastos desnecessários; porém, fique atento aos seus gastos essenciais, pois ao fazer o apontamento financeiro vemos que, na maioria das casas brasileiras, há um excesso de consumo, de 20% a 30%, em itens como energia elétrica, água, telefone e alimentação em geral.

Se você reduzir esses gastos e eliminar o que for desnecessário, mas mesmo assim não conseguir honrar com o compromisso mensal da sua casa própria, pode ser que o problema seja de fato o mal dimensionamento da dívida. O melhor a fazer, nesse caso, é negociar novos prazos e parcelas que caibam mais adequadamente no seu orçamento.

Quando o inesperado acontece

A situação muda completamente de figura se você, por alguma razão, ficar sem rendimentos ou tiver uma queda brusca nos seus ganhos financeiros de uma hora para outra, sem perspectivas de recuperação em curto prazo.

Podemos exemplificar situações de controle de gastos e realizações de sonhos a partir da história de um casal que negociou, diretamente com o proprietário de um apartamento, um "contrato de gaveta", assumindo os 180 meses (quinze anos) restantes do financiamento. Embora as prestações superassem 30% da renda familiar, eles conseguiram manter tudo sob controle durante dois anos, até surgir o primeiro motivo de dificuldade para pagar as prestações em dia: a perda do emprego do marido. Após dois anos, a esposa, que era a principal fonte de renda da família, também ficou sem salário. Movidos pelo desespero, eles venderam o imóvel por um valor bastante inferior, o que permitiu apenas quitar a dívida com o banco. Esse período turbulento serviu como aprendizado e, mesmo diante de tantas dificuldades e perdas, o casal não desistiu de seus sonhos. Anos após o que aconteceu, eles juntaram uma boa quantia de dinheiro para a entrada e conciliaram o aluguel com as mensalidades de um imóvel comprado na planta, com entrega prevista para poucos anos depois. Esse casal não desistiu de seu sonho, pelo contrário, aprendeu – a duras penas, é verdade – e fez dessa experiência um ensinamento para a vida toda.

Talvez seja reconfortante a pessoa pensar que não é a única que pode estar passando por uma situação como essa, por exemplo. E que há sempre a possibilidade de recomeçar, fazer tudo de novo, com mais

Para transferir o financiamento para outra pessoa, as prestações têm de estar em dia, e o interessado na compra deve ter o crédito aprovado.

entendimento, segurança e experiência. Se ela olhar à sua volta, verá que muitas pessoas precisaram cair para poder se levantar.

A pior solução é deixar a dívida "rolar" para ver no que dá. Não caia na ilusão de que a dívida caduca ou some, nem confie que vai demorar muito tempo para tirarem o imóvel de um inadimplente. No Sistema Financeiro de Habitação (SFH), após a falta de pagamento de três prestações, o dono do imóvel é notificado por escrito. Já no Sistema Financeiro Imobiliário (SFI), se o atraso for superior a trinta dias, o mutuário é intimado a pagar via cartório de títulos e documentos. Caso não o faça no prazo de quinze dias, o banco terá a posse do bem e o levará a leilão extrajudicial, no qual o inadimplente não tem direito a qualquer defesa.

Até mesmo para alugar um imóvel para morar, com menor gasto, a pessoa terá dificuldades geradas pela inadimplência do financiamento, do condomínio ou do IPTU. A saída será pagar um seguro-fiança ou, até que a vida financeira se normalize, morar com os pais, parentes ou algum amigo.

Para ficar livre da dívida, é possível tentar vender o imóvel, pedindo a uma imobiliária uma avaliação e verificando o saldo devedor, que pode, em alguns casos, ser maior que o valor do próprio imóvel. A solução é formular um valor que possibilite quitar o saldo devedor, incluindo parcelas atrasadas, e ainda ficar com um dinheiro que ajudará a dar entrada em um imóvel de preço mais baixo, com prestações menores, ou mesmo que possibilite garantir os gastos com a mudança, o seguro-fiança e o aluguel por alguns meses, até que as coisas voltem ao normal.

Para transferir o financiamento para outra pessoa, as prestações têm de estar em dia, e o interessado na compra deve ter o crédito aprovado. Outra alternativa é o chamado "contrato de gaveta", em que o comprador repassa um valor e assume o financiamento dali em diante. Porém, essa forma de contrato de compra e venda só tem validade entre as partes, deixando ambos em situação vulnerável: o comprador fica desprotegido porque o imóvel só será transferido efetivamente para seu nome quando quitar o saldo devedor; e o vendedor também, porque, caso o comprador não honre o compromisso, a dívida ainda estará em seu nome.

Se a única possibilidade que restou é devolver o imóvel ao banco ou à construtora, é preciso ter cautela e consciência. No momento da devolução, tem de estar acompanhado de um advogado conhecido da família ou indicado por amigos, e que seja especializado na área de imóveis.

A pessoa deverá ter certeza de que não será necessário assumir o pagamento de nenhum resíduo, pois, do contrário, ficará sem casa e com dívida, o que dificultará ainda mais sua reorganização financeira a partir da devolução consumada. Se, além de ficar livre dessa dívida, tiver a possibilidade de sair da negociação com algum dinheiro, melhor ainda.

Geralmente, quando se veem diante de uma crise mais grave, as pessoas quase sempre têm sentimentos de frustração, medo, falta de confiança em si mesmas ou no parceiro, e muita ansiedade. O importante é perceber que um dos principais aprendizados que podemos tirar desse tipo de acontecimento é não ter vergonha de pedir orientação a um especialista, ao gerente da sua conta, a um educador financeiro ou a um advogado da área imobiliária. Por mais doloroso que seja, o melhor é enfrentar o problema de peito aberto, fazendo o que precisa ser feito. E acreditar que você será capaz de se reestruturar e recomeçar. É indispensável ser perseverante e nunca desistir dos verdadeiros sonhos.